300, rue Léon-Joulin, 31101 Toulouse Cedex 9

Loi 49.956 du 16.07.1949
ISBN : 2.7459.1738.2

Dépôt légal : 3e trimestre 2005

Imprimé en Belgique

www.editionsmilan.com

Collection dirigée par Valérie Tracqui

L'OURS BRUN

Texte de Valérie Tracqui

Photos de l'agence Bios

PATTE À PATTE

MILAN
jeunesse

PATIENCE...

C'est le début de l'été et il fait déjà chaud en montagne. De la vallée montent les bruits sourds des hommes : une moto passe, un chien aboie, des enfants crient... Sur un chemin, un peu plus haut, plusieurs bergers se croisent en échangeant un signe de la main. Accompagnés de leur chien, ils mettront plusieurs jours pour monter leurs troupeaux jusqu'aux pâturages.

Au cœur de la grande forêt, deux pics tambourinent en se faisant écho, tandis que, tout là-haut, l'ours brun guette, attentif au moindre bruit. Couché sur un rocher, au-dessus de la limite des arbres, il regarde les hommes et les bêtes de très loin, méfiant. Un vautour fauve tournoie dans le ciel, porté par les courants d'air chaud. L'ours reste là, immobile. Puis, furtivement, il se glisse au cœur d'un fourré dense et disparaît. Il attendra la nuit tombée pour quitter son gîte et commencer sa ronde.

À l'origine, l'ours est un animal de plaine, mais, dérangé par l'homme, il n'habite aujourd'hui que les forêts montagnardes de 600 à 2 500 m d'altitude.

L'ours a des attitudes variées et presque humaines : il dort sur le dos, sur le ventre, ou roulé en boule. Il peut aussi s'accroupir, s'asseoir ou marcher debout.

CARTE D'IDENTITÉ

L'ours brun est un géant : c'est le plus grand des carnivores européens et sa force est prodigieuse. Il peut traîner une proie 3 fois plus lourde que lui, retourner un rocher de plus de 100 kilos ou fendre un tronc d'arbre d'un coup de patte. D'allure pataude, il est en réalité à la fois robuste et très agile. Il se déplace avec souplesse sur les pentes escarpées et peut cueillir délicatement un fruit mûr. Comme l'homme et le blaireau, l'ours est un plantigrade : il marche sur la plante des pieds et non pas sur le bout des doigts, comme le cerf ou le cheval.

L'ours a de larges pattes munies de 5 griffes.

Son pelage est de teinte très variable : brun clair, beige ou au contraire marron foncé, presque noir.

Les mâles sont plus grands et plus lourds que les femelles : ils mesurent de 1,50 à 2,50 m de long pour 1,10 m de haut au garrot et ils pèsent de 70 à 350 kg.

Il grimpe aux arbres, comme un chat, en se servant de ses puissantes griffes. Objectif : secouer les troncs pour en faire tomber les hannetons !

L'ours est un animal pacifique, qui ne charge jamais sans provocation. La nuit, il repère ses proies au son et à l'odeur, car l'ouïe et l'odorat sont, chez lui, deux sens très développés. De plus, sa mémoire est infaillible et il se souvient très bien des endroits et des moments précis où il peut trouver de la nourriture sur son territoire. Il sait par exemple quand et où dénicher des larves de fourmis sous les pierres, ou bien retrouver le cadavre d'un isard qu'il a enterré le jour précédent.

UN SOLITAIRE

Toute l'année, l'ours parcourt son immense domaine, passant d'un vallon à l'autre en fonction de la nourriture disponible. L'été, il gagne les hauts pâturages où broutent les moutons, et se nourrit d'insectes, de racines et de baies. Ce soir, il est tout près d'un troupeau, à la lisière de la forêt. Il sait qu'il lui faut rester caché jusqu'à la nuit. Quand le brouillard est bien épais, il s'approche d'une brebis isolée et, brusquement, il saisit la bête, la fait rouler d'un coup de patte et la tue.

Généralement, il ne tue pas plus de 1 ou 2 brebis par an, mais il peut déranger les troupeaux.

L'été, il arrache parfois les écorces pour manger le bois tendre.

L'ours utilise son territoire à merveille, en empruntant des sentiers connus. Il peut parcourir jusqu'à 25 km en une nuit et se baigne à l'occasion, car il adore l'eau.

Mâle et femelle se rencontrent brièvement en juillet. Ils se poursuivent, s'accouplent discrètement dans un fourré, puis se séparent pour toujours.

C'est la panique dans le troupeau, les bêtes s'enfuient de toutes parts, au risque de tomber dans un ravin. L'ours souffle bruyamment en traînant sa proie vers la forêt. Le lendemain matin, le berger, furieux, met longtemps à rassembler son troupeau. Il a reconnu la signature de maître Martin : des poils sur les ronces, quelques traces au sol. Pas de doute ! C'est lui : celui qui déclenche la passion et la haine...

LE GOURMAND

Quand vient l'automne, l'ours recherche particulièrement les fruits mûrs. Pendant des heures, avec une patience infinie, il cueille les myrtilles avec ses pattes griffues. Les framboises sont choisies avec soin entre les épines, ainsi que les mûres et plein d'autres baies juteuses. C'est aussi le moment où il éventre les fourmilières pour se régaler des ouvrières bien grasses. Il doit manger beaucoup, de 10 à 20 kg par jour, car les végétaux sont peu nourrissants. Soudain, dans une clairière, le fauve entend le bourdonnement sourd d'abeilles sauvages. L'odeur du miel devient de plus en plus forte, et l'ours, oubliant toute prudence, avance à grands pas vers la ruche. Debout sur ses pattes arrière, il plonge son museau parmi les abeilles, sans se préoccuper des piqûres éventuelles. Il est prêt à faire des folies. C'est si bon !

L'ours est à la fois un cueilleur, un chasseur et un charognard. En parfait omnivore, il mange tout ce qui est disponible sur son territoire.

Les trois quarts
de son régime sont
d'origine végétale.
Le reste est constitué
d'insectes et de
quelques mammifères.

AVANT L'HIVER

Pour l'ours brun, le mois de novembre constitue une cinquième saison très importante. C'est le moment des premières neiges et il doit faire des réserves avant le long jeûne hivernal. Dans les forêts de chênes, il se gave de glands, pillant les cachettes des geais, des renards et des blaireaux. Plus haut, l'ours fouille et gratte pendant des heures le sol entre les hêtres pour déterrer les faines, très riches en huile. La graisse de ces fruits secs est petit à petit assimilée par le fauve, si bien qu'une grosse bosse charnue est bientôt visible au-dessus de ses épaules.

Sur les troncs d'arbres, des griffades marquent le territoire de l'ours.

Son corps massif, doté de membres courts, est protégé du froid par une fourrure épaisse et très dense.

À l'automne, la chasse au sanglier dérange les ours au moment où ils ont le plus besoin de tranquillité pour se nourrir et affronter l'hiver.

Soudain, un coup de feu retentit, des chiens aboient, les hommes ne sont pas loin. L'ours se fige, puis, inquiet, il quitte sans bruit sa zone de ravitaillement. S'il veut compléter ses réserves, il lui faudra revenir plus tard... Novembre est aussi le moment où l'œuf, formé après l'accouplement, se niche dans l'utérus de la femelle pour commencer à se développer. On dit que la gestation, qui dure 2 mois, est différée, car 6 à 8 mois s'écoulent en réalité entre l'accouplement et la mise bas.

Dès qu'il sent quelque chose d'anormal, l'ours brun se tapit, immobile. Les couches où il se repose sont recouvertes de quelques branches.

BIEN AU CHAUD

L'ourse est maintenant bien grosse et doit choisir l'endroit où elle va passer l'hiver. Quittant les forêts et les pâturages, elle escalade un pan rocheux escarpé pour rejoindre une crevasse. Elle y a déjà dormi l'hiver dernier et a trouvé l'endroit bien protégé, mais elle doit l'aménager à nouveau. Avec soin, elle se prépare une litière confortable, puis dissimule un peu l'entrée de la grotte avec de la terre et des branches. Bientôt, comme elle ne mange plus, son intestin se vide et un bouchon de mucus épais en obture l'extrémité. Elle est prête pour jeûner. Un soir, pendant qu'il neige, elle entre dans sa tanière ; les flocons de la nuit effaceront sa trace. Contrairement à la marmotte, elle ne va pas hiberner, mais dormir profondément. Le rythme de son cœur et sa respiration ralentissent, mais sa température baisse peu. Elle se réveille souvent, sort un moment, puis retourne dormir.

La tanière se situe dans une petite grotte, sous un rocher, dans un arbre creux ou même un terrier creusé par l'ours.

Dans la boue,
l'ours laisse
des empreintes griffues
de 25 cm de long
sur 8 à 15 cm de large.

L'ourse enlève
les pierres de
sa tanière, puis elle
apporte de la
mousse, de l'herbe
et des branchettes
en guise de coussin.

LA NAISSANCE

Une nuit, en janvier, l'ourse donne naissance à un, deux ou trois bébés tout au fond de sa tanière. Aveugles et sourds, ils ressemblent à des chiots, incroyablement petits et fragiles à côté de leur mère... Ils sont 500 fois moins lourds qu'elle et seulement recouverts d'un léger duvet gris. Comment fait-elle pour ne pas les écraser dans l'obscurité de son gîte ? Avec une infinie tendresse, elle les lèche et les aide à téter. Pendant 3 mois, les oursons ne quittent pas leur abri et se nourrissent de lait. Quand l'hiver prend fin, la femelle sort de plus en plus souvent en laissant ses rejetons. Amaigrie par ce long jeûne, elle recommence petit à petit à s'alimenter. Elle suit à l'odeur les galeries des campagnols pour repérer leurs nids. C'est là qu'ils ont amassé des réserves de tubercules dont l'ourse raffole. Mais elle doit faire preuve de ruse et d'intelligence, car renards et sangliers apprécient aussi ces racines, riches en énergie.

À la fonte des neiges, l'ourse recommence à boire et à manger. Parfois c'est l'aubaine : elle trouve un isard mort de froid ou tué dans une avalanche.

Les campagnols accumulent les tubercules de conopodes dans des greniers que l'ourse déterre d'un coup de patte. Mmm...

Quand elle sort de sa tanière, l'ourse a perdu un quart de son poids, mais sa tête toute ronde reste impressionnante.

PREMIÈRE SORTIE

Enfin, vers la mi-avril, les oursons ont l'autorisation de quitter la tanière pour se dégourdir les pattes. Ils ne pèsent que quelques kilos et sont très vulnérables. Curieux de tout, ils aiment jouer à se battre, mais leur mère leur interdit formellement de s'éloigner d'elle. Attention aux gifles et aux fessées s'ils désobéissent et tardent à revenir quand elle les appelle en grognant !

Comme cet ourson ne pouvait traverser tout seul un torrent rapide, sa mère l'a pris par la peau du cou et l'a amené sur l'autre rive. Le voilà rassuré !

Âgés de 4 ou 5 mois, les oursons ont une fourrure dense et un V clair dessiné sur la poitrine.

Les dangers sont nombreux, et tous les oursons n'atteindront pas l'âge adulte. Aujourd'hui, elle les entraîne vers une petite mare, car elle veut leur faire découvrir un rendez-vous gastronomique. Après l'hiver, les grenouilles rousses ont pondu des milliers d'œufs, et le festin est aujourd'hui assuré. En imitant leur mère, les jeunes apprennent à saisir les grenouilles d'un coup de patte rapide. Quel régal !

Très peu de temps après leur sortie de la tanière, la femelle cesse d'allaiter ses petits. Ils apprennent vite à reconnaître tout ce qui est bon.

DEVENIR GRANDS

Avec l'été, les oursons grandissent vite, car ils mangent beaucoup. Pendant qu'ils apprennent à chercher leur nourriture, la mère se frotte le dos sur les troncs pleins de résine, pour activer la chute des poils, car sa fourrure hivernale est trop épaisse.

À l'automne, les oursons pèsent 20 kg et sont déjà très agiles. Sans cesse, ils jouent à se mordiller et à se poursuivre.

Ils passeront un nouvel hiver dans la tanière avec leur mère, sortant parfois dans la neige arracher quelques branches pour affirmer leur présence.

Pour l'instant les jeunes fréquentent encore le domaine de leur mère. Il est composé de plusieurs zones sur une vingtaine de km², tandis que le territoire des mâles peut atteindre 300 km² et couvrir celui de plusieurs femelles.

Pendant 18 mois, les jeunes restent auprès de leur mère, mesurant leur force dans des jeux-combats.

Les oursons, qui ont 8 mois, s'enhardissent. Mais dès qu'ils sont en difficulté, ils glapissent pour appeler leur mère. Furieuse de les sentir encore si vulnérables, elle les gifle sans ménagement après les avoir sortis de l'impasse. Soudain un ours mâle apparaît au bout du chemin. Comment peut-il oser s'approcher de ses petits ? Hors d'elle, la femelle se dresse sur ses pattes arrière pour observer l'intrus.
En rugissant de colère, elle fait quelques pas vers lui et montre ses crocs pour l'intimider. Ne voulant pas déclencher une bagarre, le mâle s'éloigne...

CHACUN SON CHEMIN

Les jeunes ours ont maintenant 2 ans. Ils se battent fréquemment pour courtiser une femelle ou savoir qui est le plus fort. La mère est à nouveau enceinte et tolère mal ses grands enfants. Bientôt, agressive, elle les chasse de son territoire. Le jeune mâle, plus grand et de couleur plus claire que sa sœur, s'éloigne en grommelant. Il va errer longtemps à la recherche d'un vaste domaine, où il puisse à la fois trouver de la nourriture toute l'année et un gîte sûr pour passer l'hiver sans être dérangé. De son côté, la jeune femelle marche plusieurs jours pour gagner une autre vallée, car sa mère lui abandonne une partie de son territoire. Elle ne rencontrera aucun ours, mais traversera de nombreuses routes, redoublant d'astuce et d'intelligence pour se dérober au regard de l'homme...

Les ours reculent toujours plus loin, plus haut, pour être tranquilles.

Les jeunes intrépides vont bientôt commencer l'apprentissage de la vie en solitaire...

PROTECTION

SAUVONS NOS OURS

De tout temps, les hommes ont pourchassé les ours bruns : pour leur viande, leur fourrure, leur graisse, ou, plus stupidement, pour la fierté de tuer un de ces fauves. Aujourd'hui, ils ne sont plus chassés, mais de graves menaces pèsent toujours sur les derniers ours qui survivent dans les Pyrénées. À tel point que les scientifiques et les protecteurs de la nature se sont décidés à introduire des individus étrangers pour repeupler nos montagnes...

Les pistes forestières, tracées au bulldozer, bouleversent le territoire de l'ours.

UN LONG DÉCLIN

« L'ours est assez commune bête ; aussi n'y a-t-il pas lieu de le décrire, car il y a peu de gens qui n'en aient vu. » Ainsi parlait Gaston Phébus, comte de Foix, dans son « Livre de la chasse », il y a 600 ans de cela. La situation a hélas bien changé... Capturé, chassé, piégé, l'ours brun a disparu du Massif central dès le XVe siècle, et c'est vers 1940 qu'il s'est éteint définitivement dans les Alpes. À cette époque, il y avait encore 150 à 200 ours dans les forêts des Pyrénées. Ils n'étaient plus que 70, quinze ans plus tard, 20 au début des années 80, et aujourd'hui, les scientifiques surveillent les 14 à 18 ours présents, avec les quelques individus réintroduits...

Bienvenue aux nouveaux !

Tout le monde reconnaît aujourd'hui, que si l'on veut garder l'ours brun dans les Pyrénées, il faut poursuivre les opérations de réintroduction. Les premiers essais de renforcement des populations par des ours provenant de Slovénie ont été concluants. Mais encore faut-il protéger en même temps leur habitat et éviter de les déranger au moment de la reproduction. Plusieurs oursons sont nés. Tous les espoirs sont permis...

Il est difficile de protéger les ours dans des zones fractionnées par les routes et les chemins de fer.

Un territoire fragmenté

En 1972, enfin, la chasse à l'ours est définitivement interdite en France. Mais de nouvelles menaces pèsent sur lui : des routes forestières sont tracées un peu partout dans la montagne, pour pouvoir exploiter la forêt. Celles-ci n'étant pas fermées, elles sont accessibles aux véhicules tout-terrain et aux randonneurs, qui dérangent de plus en plus l'ours. Les battues aux sangliers le perturbent aussi et il ne peut même pas se réfugier dans le parc national, car celui-ci ne comprend pas vraiment de forêts où l'ours peut se cacher.

Les apiculteurs n'apprécient pas du tout la manière dont l'ours brun récolte le miel dans leurs ruches.

Tentatives de sauvetage

Face à toutes ces menaces, des protecteurs de la nature réagissent : depuis 1983 le groupe Ours, un collectif d'associations, informe le public de l'existence en France d'une petite population d'ours en voie de disparition et cherche à la protéger. L'État a maintenant la volonté de sauvegarder l'animal, il propose de différer l'exploitation de certaines forêts et dédommage les bergers dérangés. Mais il rencontre beaucoup de difficultés auprès des habitants des Pyrénées qui craignent que l'on s'intéresse plus aux ours qu'à eux-mêmes. Dommage ! Car les touristes sont attirés par les Pyrénées, rien qu'à l'idée d'être au pays des ours. Une aide est apportée aux éleveurs et leurs produits sont valorisés.

LA FAMILLE DES OURS

L'ours brun fait partie de la famille des ursidés, avec 6 autres espèces. Tous sont de redoutables chasseurs munis de larges pattes à 5 griffes. Leur menu est variable selon les saisons, allant des petits fruits délicieux de l'automne à des proies plus importantes, comme de gros rongeurs ou des poissons. La plupart prennent un long repos hivernal, même s'il ne s'agit pas d'une véritable hibernation.

L'OURS NOIR D'AMÉRIQUE

Appelé également baribal, c'est un petit ours d'à peine 100 kilos. Vivant dans les forêts du Canada et des États-Unis, il arpente en solitaire son domaine, à la recherche de fruits ou de racines. On en compte 18 sous-espèces. Tous grimpent dans les arbres pour dénicher des œufs d'oiseaux ou le miel des abeilles. Peu menacés, ils sont encore chassés.

L'OURS À COLLIER

Pour rencontrer l'ours à collier, ou ours noir de l'Himalaya, il faut aller dans les forêts le long de la chaîne de l'Himalaya, en Chine ou au Japon. Il faut aussi avoir de bons yeux : se déplaçant surtout la nuit, ce petit ours se reconnaît dans l'obscurité grâce au triangle blanc qui orne sa poitrine. Son ouïe et sa vue sont assez faibles, mais son odorat, très développé, lui permet de s'orienter et de trouver sa nourriture. Comme son cousin l'ours brun, il est à la fois carnivore et végétarien.

L'ours blanc

C'est un grand seigneur : le plus grand carnivore terrestre du monde. Certains mâles pèsent 500 kilos et dépassent les 3 mètres, dressés sur leurs pattes arrière. Vivant sur les côtes de l'Arctique, il est parfaitement adapté à la glace et au froid. Ses larges pattes couvertes de poils lui permettent de se déplacer sans glisser sur le sol et de nager pendant des heures dans les eaux glacées. Sa fourrure et une épaisse couche de graisse le protègent efficacement du froid. Grand chasseur de phoques, il les repère sous un mètre de neige grâce à son excellent odorat. Mais il s'approche aussi des villes, pour se nourrir dans les décharges !

Le grizzli

Attention grizzli ! Ce grand ours, qui mesure 2,50 mètres de haut, dressé sur ses pattes arrière, peut en effet être agressif, par exemple quand on menace ses petits. C'est une sous-espèce américaine de l'ours brun et un grand spécialiste de la pêche aux saumons. Autrefois largement répandu dans toute l'Amérique du Nord, il a été beaucoup chassé et ne vit plus aujourd'hui qu'en Alaska et au Canada où il est protégé depuis 1975.

Index

Crédit photographique

Agence PHONE/BIOS: FULCONIS Renaud : couverture.
Agence BIOS : GILSON François : 4e de couverture ; KLEIN & HUBERT : p. 5, 10 (bd), 10-11 (h), 14 (bg), 23 (b), 26 (b) ; G. LOPEZ : p. 6-7, 10 (bg), 13 (h), 16 (hg), 16-17, 17 (hd), 24-25, 26-27 ; Y. NOTO CAMPANELLA : p. 7 (b) ; J.-Y. GROSPA : p. 8 (bg) ; F. MARQUEZ : p. 8 (d), 9 (h), 14 (d), 15 (b), 20 (h, b), 21 ; P. HENRY : p. 9 (b), 12-13, 23 (h), 25 (b) ; C. RUOSO : p. 11 (b), 27 (b) ; J. MAYET : p. 13 (m) ; D. BRINGARD : p. 13 (b) ; H. CHELLE : p. 15 (h) ; A. BEIGNET : p. 17 (bd), 22 (b) ; F. PIERREL : p. 18 (h), 22 (h) ; E. BARBELETTE : p. 18 (b); L. NITSCH : p. 19 ; DANI-JESKE : p. 28 (hd) ; R. VALARCHER : p. 28 (bg) ; F. BRUEMMER : p. 29 (hg) ; H. AUSLOOS : p. 29 (bd).

Montage maquette : Dominique DASTREVIGNE